Impressum

Verlag: BABADADA GmbH, Nedderfeld 112 , 22529 Hamburg

Geschäftsführer / Verlagsleitung: Harald Hof

Druck: Books on Demand GmbH, In de Tarpen 42, 22848 Norderstedt

Imprint

Publisher: BABADADA GmbH, Nedderfeld 112 , 22529 Hamburg, Germany

Managing Director / Publishing direction: Harald Hof

Print: Books on Demand GmbH, In de Tarpen 42, 22848 Norderstedt

دبستان

koulu

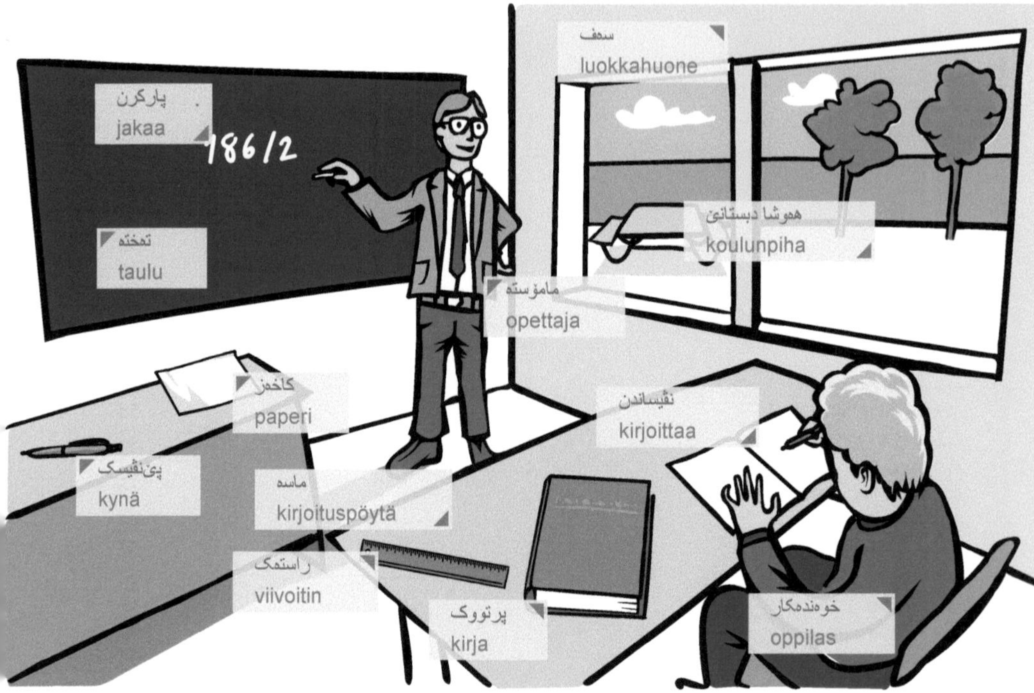

سەف
luokkahuone
پارکرن
jakaa
186/2
تەختە
taulu
هەوشا دبستانێ
koulunpiha
مامۆستە
opettaja
کاخەز
paperi
نڤیساندن
kirjoittaa
پێنڤیسک
kynä
ماسە
kirjoituspöytä
راستەک
viivoitin
پرتووک
kirja
خوەندەکار
oppilas

چەوال

reppu

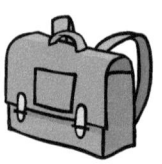

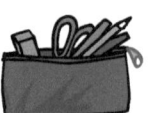

قووتی نڤیستۆک

penaali

قەلەمرساس

lyijykynä

نڤیستۆک تووژکر

kynänteroitin

ژێبر

pyyhekumi

نڤیسکا نیگارێ

piirustuslehtiö

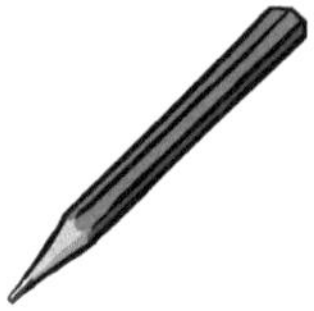

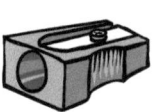

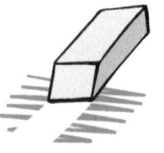

نیگار

piirustus

فرچمیا رەنگئ

pensseli

قووتی رەنگ

vesivärit

مەقەس

sakset

لەزاق

liima

پەرتووکا فێربوون

harjoituskirja

وەزیفا مالئ

kotitehtävä

هەژمار

luku

زێدەمکرن

lisätä

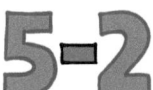

دەرخستن

vähentää

زێدەمکرن

kertoa

هەسباندن

laskea

تێپ

kirjain

ئالفابە

aakkoset

پەیڤ

sana

نۆیسی
....
teksti

خواندن
....
lukea

گەچ
....
liitu

دەرس
....
oppitunti

قەیدکرن
....
opettajan muistikirja

ئیمتیهان
....
koe

شەهاده
....
todistus

کنجا دبستانێ
....
koulupuku

پەروەردەهی
....
koulutus

زانستنامه
....
sanakirja

زانینگە
....
yliopisto

میکرۆسکووپ
....
mikroskooppi

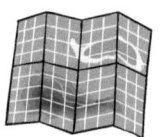

خەریتە
....
kartta

سەپیتا کاخەزێ
....
roskakori

مێهمانخانه
hotelli

Grand

مێهمانخانه
retkeilymaja

ROOMS

ئۆفیسا پەرە قمگوهارتنێ
rahanvaihto

جهنتە
matkalaukku

ماشین
auto

زمان
kieli

بهلێ / نا
kyllä / ei

باش
selvä

سلاڤ
hei

ومرگێرا نڤیسکی
tulkki

سپاس
kiitos

بهاین ... چ قاسە؟

Paljonko...maksaa?

نُمز فام ناكم

en ymmärrä

ناریئشد

ongelma

نئڤارباش!

Hyvää iltaa!

سیئندی باش!

Hyvää huomenta!

شمف باش!

Hyvää yötä!

خاترئ تە

näkemiin

نالی

suunta

هوورمور

matkatavarat

چمنتە

laukku

چمنتە پشت

reppu

مێڤان

vieras

نۆدە

huone

جامە خەو

makuupussi

چادر

teltta

ناگاگیرن گەرۆكان

turisti-info

رەمخئ ناڧئ

ranta

كارتئ قەرزئ

luottokortti

ناشتئ

aamupala

فراڧين

lounas

شیڧ

päivällinen

كارت

matkalippu

ناسانسۆر

hissi

پوول

postimerkki

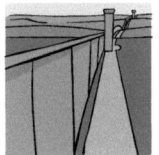

تخووب

raja

گۆمرك

tulli

بالیۆزخانە

suurlähetystö

ڧیزا

viisumi

پاسایۆرت

passi

گوهازتن

kuljetus

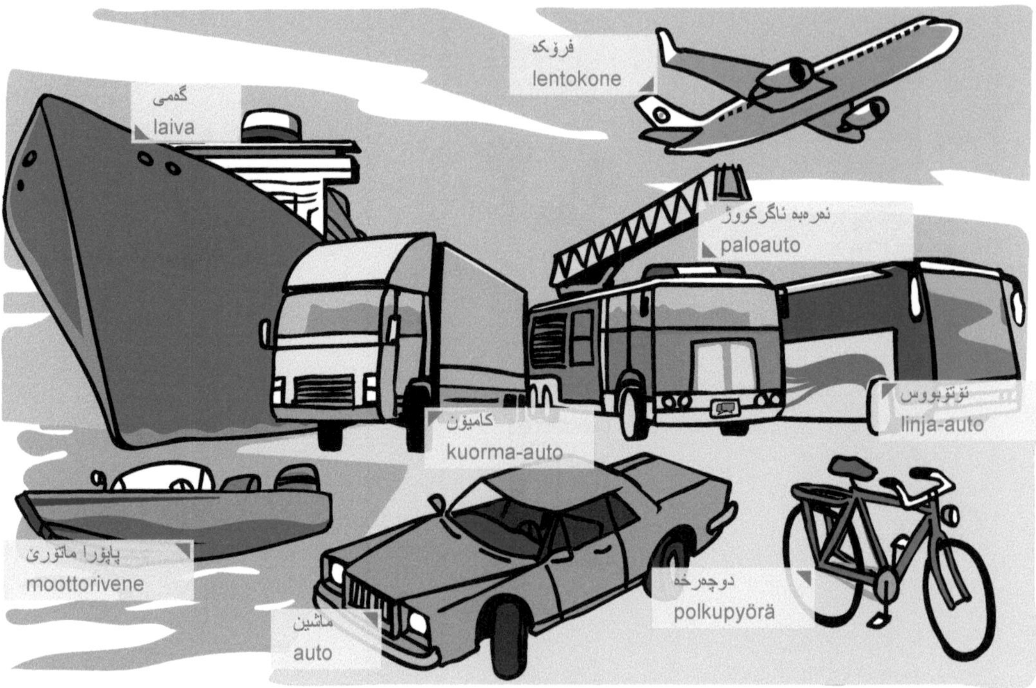

فڕۆکە
lentokone
گەمی
laiva
ئەرەبە ئاگرکووژ
paloauto
ئۆتۆبووس
linja-auto
کامیۆن
kuorma-auto
پاپۆڕا ماتۆری
moottorivene
ماشین
auto
دوچەرخە
polkupyörä

پاپۆر

lautta

پاپۆر

vene

مۆتۆرسیکلێت

moottoripyörä

ترمبێلا پۆلیسێ

poliisiauto

ترمبێلا پێشبازیێ

kilpa-auto

ئەرەبە کرێکرنێ

vuokra-auto

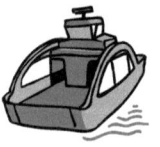

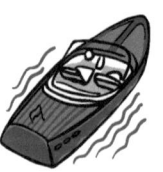

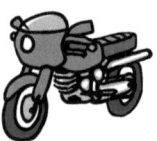

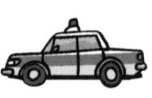

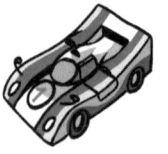

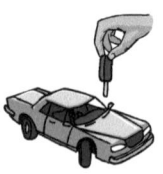

ماشین پەرۆفمكرن

car sharing

كامیۆنا كشاندنێ

hinausauto

كامیۆنا خولطی

roska-auto

مۆتۆرسیكلێت

moottori

مازۆت

polttoaine

نیستەمگەها بەنزینێ

huoltoasema

تابلۆیا ترافیكێ

liikennemerkki

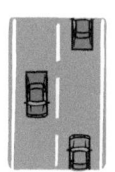

هاتنووچوون

liikenne

ترافیك

ruuhka

جهێ پاركێ

parkkipaikka

راوەستەكا ترێنێ

rautatieasema

رێچ

raiteet

ترێن

juna

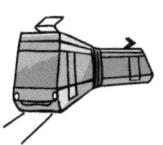

ترێنێ كۆلانێ

raitiovaunu

ئەرەبە

vaunu

بابرۆک

helikopteri

بالافرگەھ

lentokenttä

برج

lähilennonjohto

مسافر

matkustaja

قووتی

kontti

قووتی

pahvilaatikko

گرگرۆک

kärryt

سەبەتە

kori

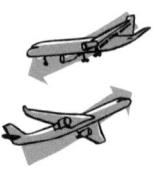

رابوون / نیشتن

nousta / laskea

باژار

kaupunki

گوند

kylä

ناوەندا باژارێ

keskusta

خانی

talo

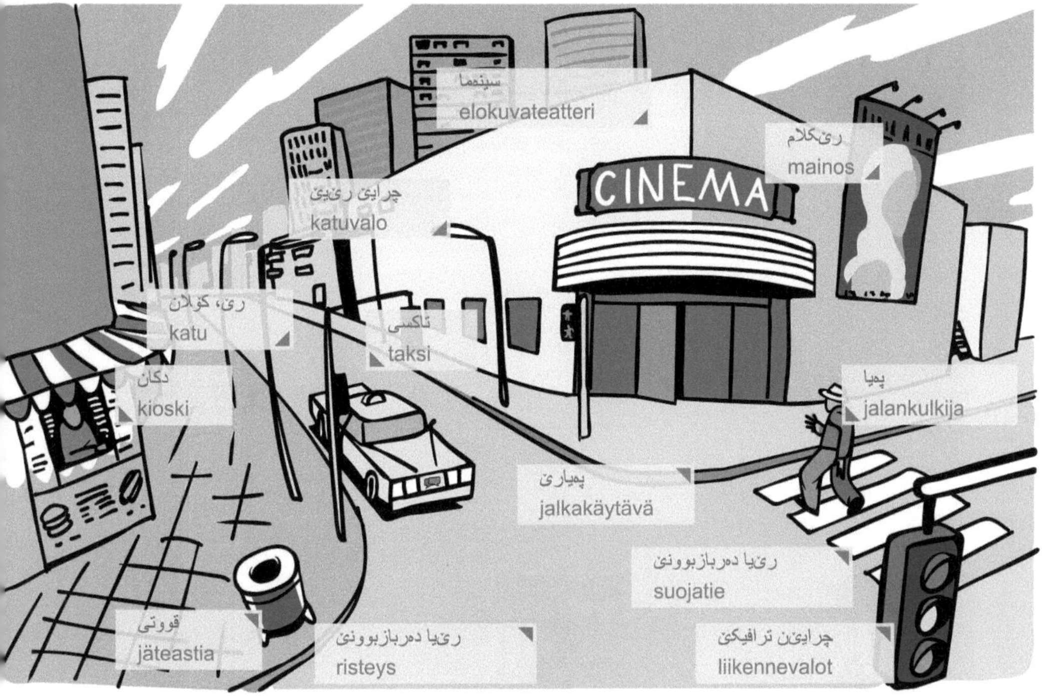

سینەما
elokuvateatteri

رۆنکلام
mainos

چرایی رێیی
katuvalo

ری، کۆلان
katu

تاکسی
taksi

دکان
kioski

پیا
jalankulkija

پیاری
jalkakäytävä

رێیا دەربازبوونی
suojatie

قووتی
jäteastia

رێیا دەربازبوونی
risteys

چرایێن ترافیکێ
liikennevalot

کۆخ
mökki

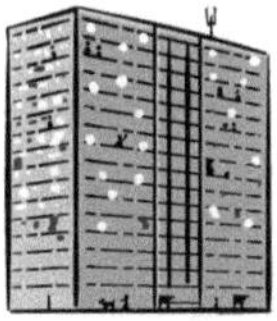

خانی
kerrostalo

راوەستمکا ترێنێ
rautatieasema

تەلارا شارەڤانی
kaupungintalo

مووزەخانە
museo

دبستان
koulu

زانینگه

yliopisto

بانک

pankki

نهخوشخانه

sairaala

مێوانخانه

hotelli

دهرمانخانه

apteekki

نۆفیس

toimisto

کتێبفرۆشی

kirjakauppa

دکان

liike

گوڵفرۆش

kukkakauppa

بازار

supermarketti

بازار

tori

سوپهرمارکهت

tavaratalo

ماسیفرۆش

kalakauppias

ناوهندا کرین

ostoskeskus

بهندهر

satama

پارک
....
puisto

سمكوو
....
penkki

پر
....
silta

دەرنجە
....
portaat

ژێر زەمینی
....
metro

تونێل
....
tunneli

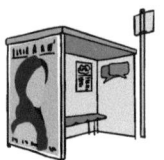

نیستگەها ئۆتۆبووس
....
linja-autopysäkki

بار
....
baari

خوارنگەه
....
ravintola

سندووقا پۆستێ
....
postilaatikko

نیشاندەرکا رێیێ
....
katukyltti

مەترا پارکینگێ
....
parkkimittari

باخچا هەیوانان
....
eläintarha

هەوزا مەلەڤانی
....
uimala

مزگەفت
....
moskeija

جۆتگە

maatila

لەوتاندنا دەردۆر

ympäristön saastuminen

گۆرستان

hautausmaa

کەنیسە

kirkko

نەردی لەیستنێ

leikkikenttä

پەرستگە

temppeli

تەبیعت

maisema

گەلا
lehti

نیشاندەرکا رێ
tienviitta

رێ
tie

مەرگ
niitty

کەڤر
kivi

دار
puu

گەروزگ
retkeilijä

چەم
joki

گیا
ruoho

کولیلک
kukka

دۆل

....

laakso

گر

....

vuori

گۆل

....

järvi

دارستان

....

metsä

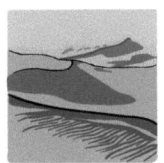

بیابان

....

aavikko

ئۆلکان

....

tulivuori

كەلمە

....

linna

كەسكەسۆر

....

sateenkaari

كۆارك

....

sieni

دارقسپ

....

palmu

مخمخک

....

hyttynen

مێش

....

kärpänen

مێرى

....

muurahainen

هنگ

....

mehiläinen

پیرى

....

hämähäkki

کۆزىزک

kovakuoriainen

بەق

sammakko

سەوور

orava

ژیژۆک

siili

کەرگوھ

jänis

پەپووک

pöllö

چژیک

lintu

قوو

joutsen

بەرازى کۆڤى

villisika

پەزکۆڤى

peura

پەزکۆڤى

hirvi

بەنداڤ

pato

تووربینا با

tuulimylly

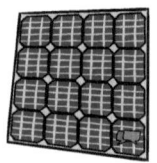

پانەلا خۆرى

aurinkopaneeli

ناڤ و هەوا

ilmasto

بەرکار
tarjoilija

پێشهک
ruokalista

کورسی
tuoli

شۆربه
keitto

پیزا
pitsa

چەتەل و چەمچک
ruokailuvälineet

سفره
pöytäliina

خوارنا دهستپێک
alkuruoka

خوارنا سەرەکی
pääruoka

شیرانی
jälkiruoka

قەمخوارنان
juomat

خوارن
ruoka

جام
pullo

خوارنا لەز

pikaruoka

خوارنا رێیێ

katuruoka

چایدانک

teekannu

قووتی شەکرێ

sokeriastia

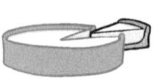

بەش

annos

مەکینا چێکرنێ ئەسپرەسسۆ

espressokeitin

کورسیا بلیند

syöttötuoli

هەساب

lasku

سەینی

tarjotin

کێر

veitsi

چەتەل

haarukka

کەفچی

lusikka

کەفچیا چای

teelusikka

پێشگر

servietti

قەدەحە

lasi

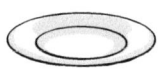

كفيتم

lautanen

بەروشكا فيتمت

syvä lautanen

پيالە

aluslautanen

چىنج

kastike

كانەدئوخ

suolasirotin

رابىب ىتووق

pippurimylly

كىنئس

etikka

روون

öljy

بهارات

mausteet

پچاچتەك

ketsuppi

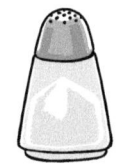

درارتسوم

sinappi

زئنوزيام

majoneesi

بازار

supermarketti

پێشکێشێن تایبەت
tarjous
FOR
مشتەری
asiakas
شیرەمەنی
maitotuotteet
فێکی
hedelmät
ئەرەبە
ostoskärryt

BUTCHERS

قەسابی

teurastamo

BAKERY

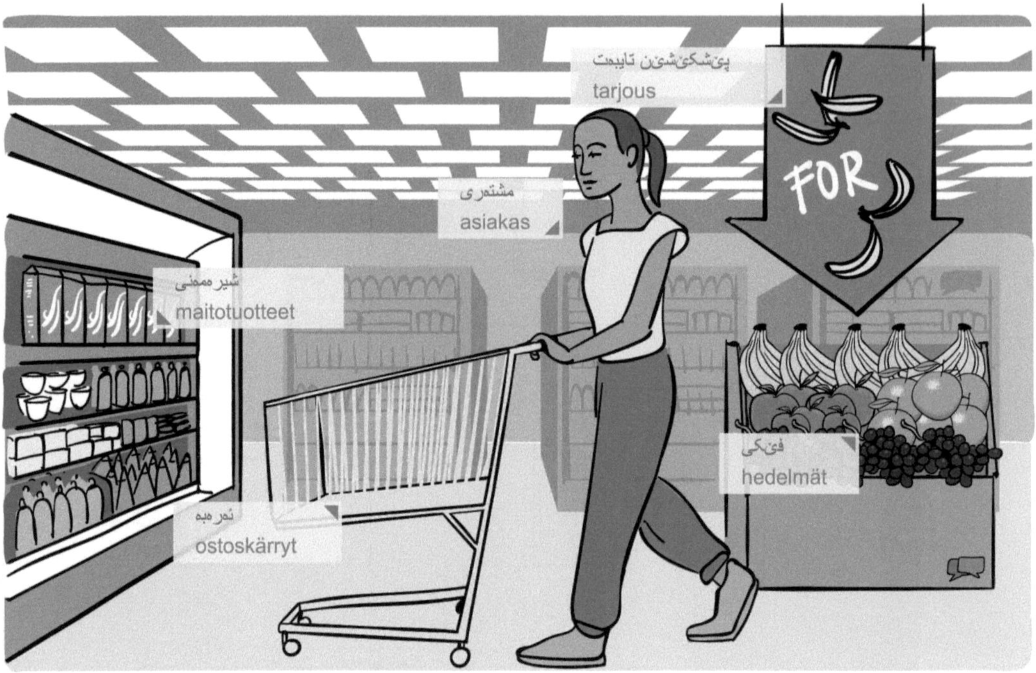

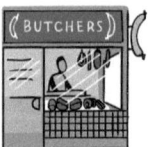

دکانا نانپێژ

leipomo

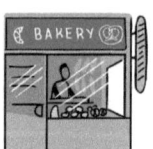

وەزن کرن

punnita

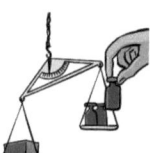

سەبزە

kasvikset

گۆشت

liha

خوارنێ جەمەدی

pakasteet

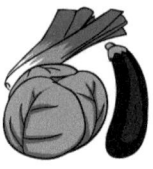

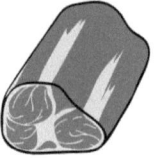

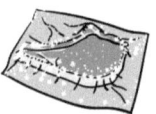

گۆشتێ سار
leikkele

خوارنا پیلێ
säilykkeet

خوباری پاقژکرنێ
pesujauhe

شرینی
makeiset

بەرهەمێن ناڤخوەیی
kotitaloustarvikkeet

بەرهەمێن پاقژکرنێ
puhdistusaineet

فرۆشیار
myyjä

خەزنۆک
kassa

دراڤگر
kassanhoitaja

لیستا کرینێ
ostoslista

دەمێن ڤەمکری
aukioloajat

جزدان
lompakko

کارتێ قەرزی
luottokortti

چەوال
kassi

چەنتە
muovipussi

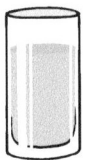

ئاۋ

vesi

تەمرىش

mehu

شیر

maito

كۆمر

kokis

شەراب

viini

بیرا

olut

ئالكۆل

alkoholi

كاكوۋ

kaakao

چای

tee

قەھۋە

kahvi

ئېسپرەسسۆ

espresso

كاپۇچىنۆ

cappuccino

مۆز

banaani

سێڤ

omena

پرتەقاڵی

appelsiini

گوندۆر

meloni

لیمۆن

sitruuna

گێزەر

porkkana

سیر

valkosipuli

قامر

bambu

پیاز

sipuli

قارچک

sieni

گەویز

pähkinät

شهیره

spagetti

سپاگێتتی

spagetti

برنج

riisi

سەلەتە

salaatti

چیپس

ranskalaiset

پەتەتەیا براشتی

paistetut perunat

پیزا

pitsa

هامبورگەر

hampurilainen

نانۆک

voileipä

گۆشتێ ستوویێ بەرخی

leike

گۆشتێ هشككری

kinkku

سالامی

salami

سۆسیس

makkara

مریشک

kana

بژارتن

paisti

ماسی

kala

شۆربه بلوول

kaurahiutaleet

مووسلى

mysli

كەرتىن گلگلان

murot

ناردن

jauho

جرۆسسانت

voisarvi

سەموون

sämpylä

نان

leipä

تۆست

paahtoleipä

نانک

keksit

نۆیشیک

voi

ماست

rahka

كوليچه

kakku

هێک

kananmuna

هێنکا قەلاندى

paistettu kananmuna

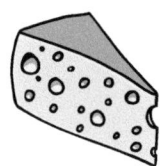

پەنیر

juusto

مەردنۆد

jäätelö

شەكر

sokeri

ھەنگ

hunaja

مرەبا

hillo

خامەیا نۆوگات

suklaapähkinälevite

كورى

curry

جۆتگەه

maatila

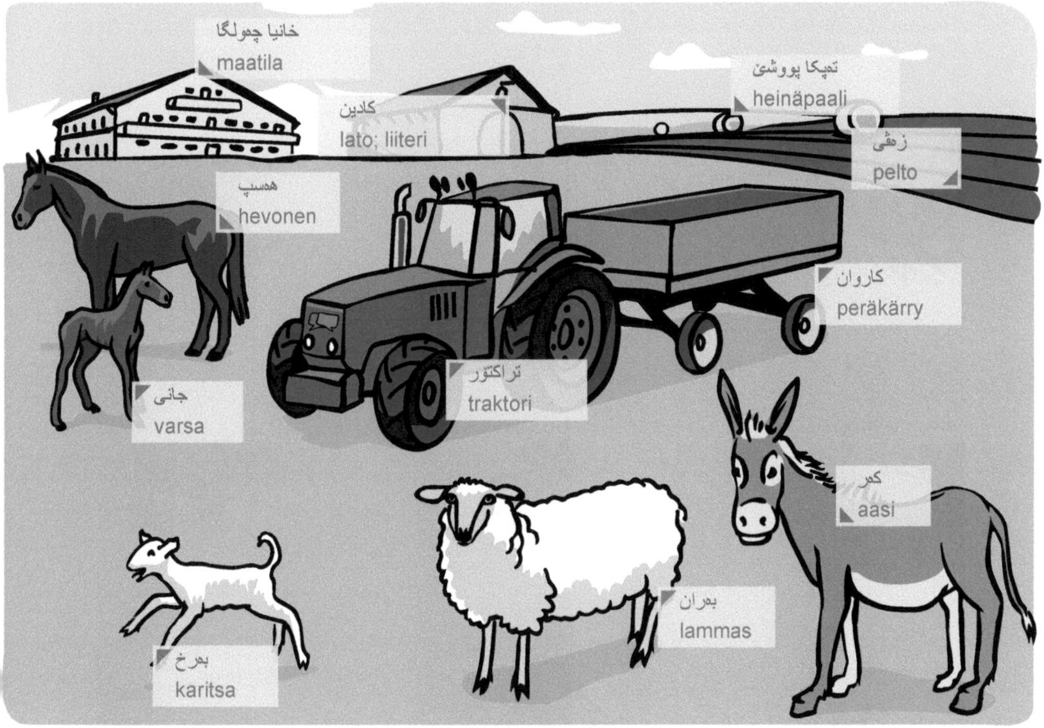

خانیا چەولگا
maatila
کادین
lato; liiteri
تەپکا پووشێ
heinäpaali
زەڤی
pelto
هەسپ
hevonen
کاروان
peräkärry
جانی
varsa
تراکتۆر
traktori
کەر
aasi
بەران
lammas
بەرخ
karitsa

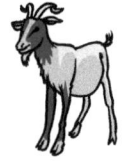

بزن

vuohi

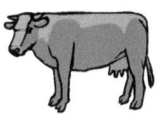

چێلەک

lehmä

گۆلک

vasikka

بەراز

sika

خنزیرک

porsas

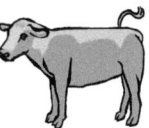

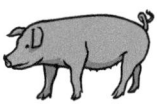

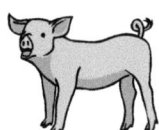

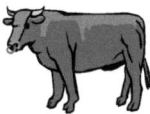

بۆخە

sonni

قاز

hanhi

مراقی

ankka

جوورچک

tipu

مریشک

kana

کلمشئر

kukko

جرج

rotta

کتک

kissa

مشک

hiiri

گا

härkä

کووچک

koira

خانیا کووچکئ

koirankoppi

خانی باخئ

puutarhaletku

قووتیکا ئاقدانئ

kastelukannu

شالووک

viikate

گاسن

aura

داس
....
sirppi

مەربێر
....
kuokka

دارساپک
....
talikko

بڕ
....
kirves

دەستگرە
....
kottikärryt

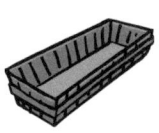

قووتی خوارنا جانداران
....
kaukalo

قووتی شیر
....
maitokannu

توور
....
säkki

چەپەر
....
aita

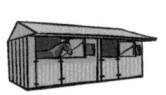

ناخور
....
talli

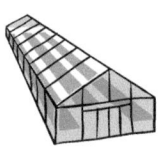

خانا کولیلکان
....
kasvihuone

ناغ
....
maa

دەندک
....
siemen

پەین
....
lannoite

کۆمباین
....
leikkuupuimuri

زاد

kerätä sato

زاد

sato

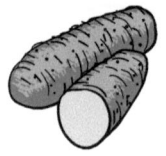

پەتەتە

jamssit

گەنم

vehnä

فاسۆلى

soija

پەتەتە

peruna

دەخل

maissi

دەندك

rypsi

دارى فێنكى

hedelmäpuu

سێفۆئ بن نەردى

maniokki

زاد

vilja

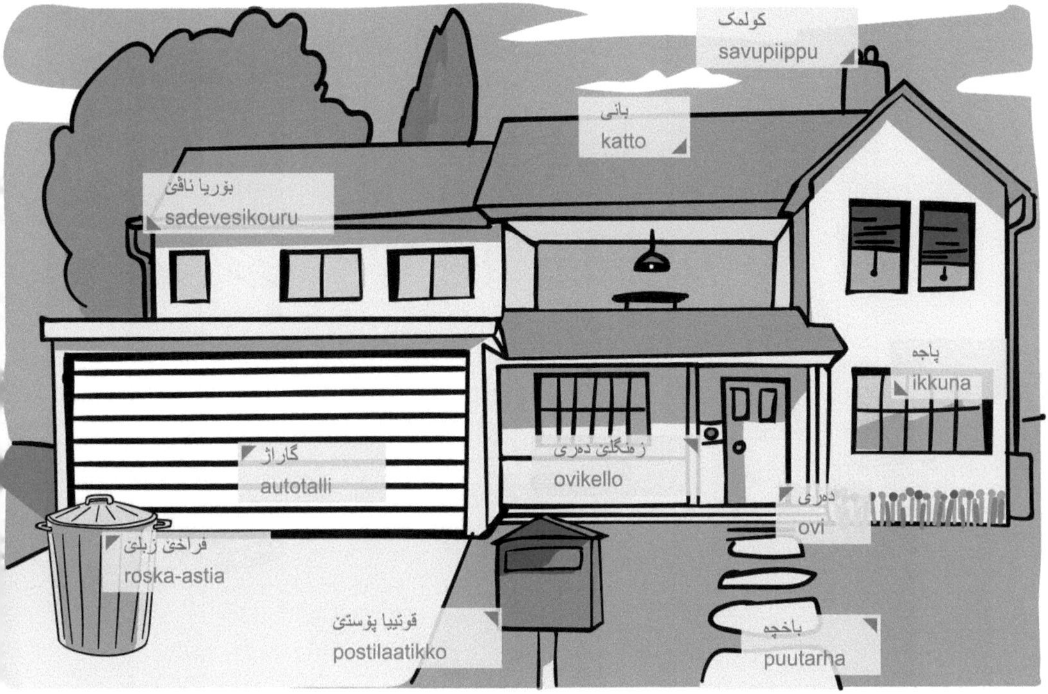

کولمک
savupiippu

بانی
katto

بۆریا ئاڤێ
sadevesikouru

گاراژ
autotalli

زەنگی دەری
ovikello

پاجە
ikkuna

دەری
ovi

فراخی زبلی
roska-astia

قوتیا پۆستێ
postilaatikko

باخچە
puutarha

ئۆدا روونشتنێ
olohuone

هەمام
kylpyhuone

مەتبەخ
keittiö

ئۆدا خەوێ
makuuhuone

ئۆدەیا زارۆک
lastenhuone

ئۆدا شیڤێن
ruokahuone

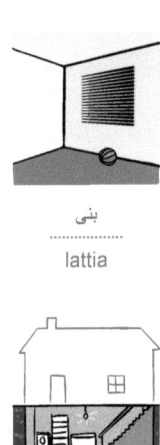

بنی

lattia

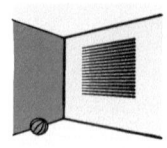

دیوار

seinä

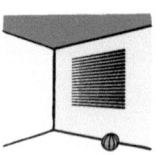

بحربان

katto

خەنزک

kellari

ساونا

sauna

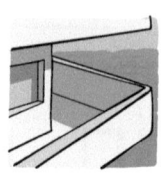

بالكۆن

parveke

بەردانک

terassi

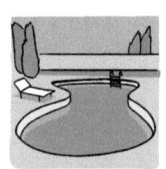

هەوزا مەلەڤانی

uima-allas

چیمەن بڕ

ruohonleikkuri

مەلەڤفە

lakana

بەتانی

päiväpeitto

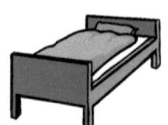

نڤین

sänky

گەزک

harja

ساتل

ämpäri

كليل

katkaisin

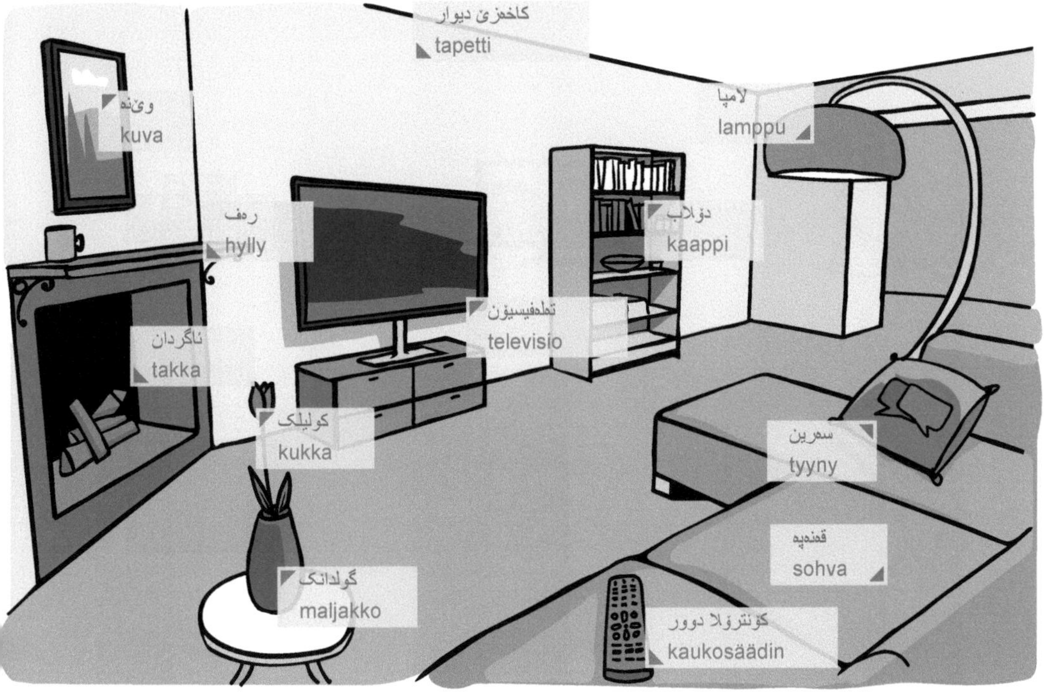

كاخەزێ دیوار
tapetti

لامپا
lamppu

وێنە
kuva

رەف
hylly

دۆلاب
kaappi

ناگردان
takka

تەلەفیسیۆن
televisio

كولیلك
kukka

سەرین
tyyny

قەنەپە
sohva

گولدانک
maljakko

كۆنترۆلا دوور
kaukosäädin

خالیچە
matto

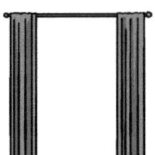

پەردە
verho

مێز
pöytä

كورسی
tuoli

كورسیا هەژانۆک
keinutuoli

كورسی
nojatuoli

پرتووک

kirja

بەتانی

peitto

خەملاندن

koriste

ئۆزنگ

polttopuut

فیلم

elokuva

هەڤ

stereot

کلیل

avain

رۆژنامە

sanomalehti

نیگار

maalaus

پۆستەر

juliste

رادیۆ

radio

دەفتەر

muistivihko

سڤڕکا نەلمەکتریکی

pölynimuri

کاکتووس

kaktus

مۆم

kynttilä

مەتبەخ
keittiö

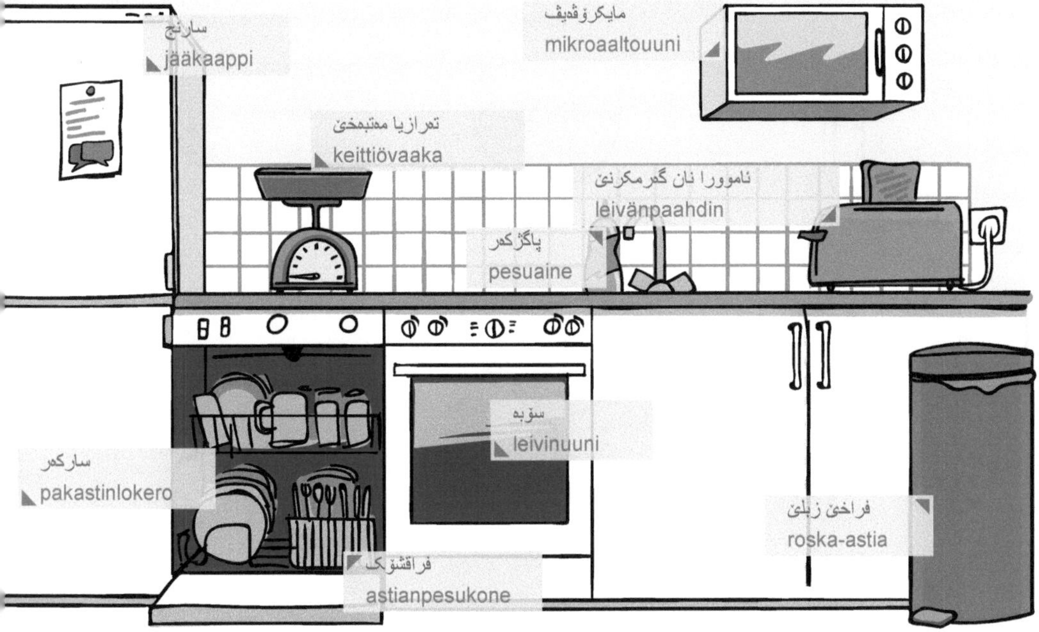
سارنج
jääkaappi
مایکرۆڤەیف
mikroaaltouuni
تەرازیا مەتبەخێ
keittiövaaka
ناموورا نان گەرمکرنێ
leivänpaahdin
پاگژکەر
pesuaine
سۆبە
leivinuuni
سارکەر
pakastinlokero
فراخێ زبلێ
roska-astia
فراقشۆک
astianpesukone

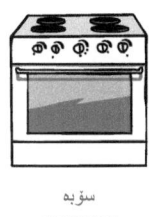

سۆبە
....
liesi

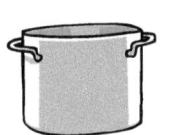

ئامان
....
kattila

ئامانێ ئووتوو
....
rautapata

فراقێ مەزن
....
vokkipannu / kadai-pannu

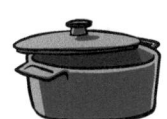

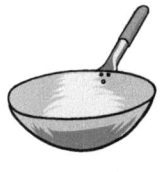

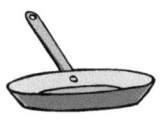

دیزک
....
paistinpannu

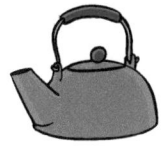

کەلینک
....
teepannu

فراقێ هەلمێ

höyrykeitin

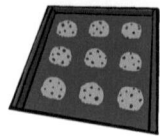

سێنی نانێ

uunipelti

فراق

astiat

پیاڵە

muki

كاسك

kulho

دارێ نانخوارن

syömäpuikot

هەسک

kauha

كەفچیا مەزن

paistinlasta

رینمک

vispilä

كەفگیر

siivilä

بێژنگ

siivilä

رێشکەر

raastin

دەستار

mortteli

براشتن

grilli

ئاگرێ ڤاڵا

avotuli

تەختەیا برینێ

leikkuulauta

دارکێ تیرێ

kaulin

دەفکە بادەک

korkinavaaja

قووتی

purkki

قووتیڤەکر

purkinavaaja

جاوێ نامانان

pannulappu

دەستشۆ

lavuaari

فرچە

tiskiharja

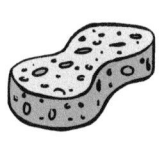

پارازۆا

pesusieni

تەفدێر

tehosekoitin

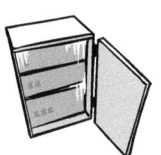

سارکەرێ جەمەدی

pakastin

شووشه بەبکان

tuttipullo

هەنەفی

vesihana

گەرمژانک
lämmitys

دووش
suihku

خاولی
pyyhe

پەردەیا هەمامئ
suihkuverho

کەفئ هەمام
vaahtokylpy

هەدوزا هەمامە
kylpyamme

قەدەهە
lasi

جلشۆک
pesukone

هەنەفی
vesihana

روواجان
kaakelit

توالەتا زارۆکان
potta

دەستشۆ
lavuaari

توالەت
vessa

توالەتا ئەردئ
kyykkyvessa

توالەت
bidee

ئافدەستخانا مێران
pisuaari

کاخەزا توالەت
vessapaperi

فرشەیا توالەت
vessaharja

فرچەیا دران

hammasharja

ممجوونا دران

hammastahna

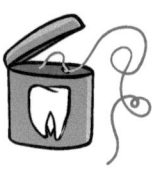

نمخا ددان

hammaslanka

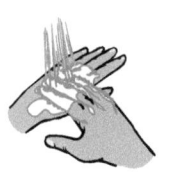

شووشتن

pestä

دووشێ دەستێ

käsisuihku

دووش

intiimisuihku

دەستشۆ

pesuvati

فرچا پشت

selkäharja

سابوون

saippua

جێڵای هەمام

suihkugeeli

شامپۆ

shampoo

فانیله

pesulappu

زیێراب

viemäri

کرێم

voide

بیێهن خوشكر

deodorantti

مریێک

peili

مریێکا دەستی

käsipeili

گووزان

partaveitsi

کەفێ تەراشینێ

partavaahto

ممجوونا پشتی تەراشینێ

partavesi

شەهە

kampa

فرچە

harja

پۆر هیشککر

hiustenkuivaaja

سپرایا پۆرێ

hiuslakka

کۆزمەتیک

meikki

سۆراڤک

huulipuna

رەنگێ نینۆک

kynsilakka

پەمبوو

pumpuli

مەقستا نینۆک

kynsisakset

پارفووم

hajuvesi

چەوالێن ھەمامێ

kosmetiikkalaukku

کورسیا بێپشت

jakkara

تەرازی

vaaka

کنجا ھەمامێ

kylpytakki

لمپکا لاستیکێ

kumihansikkaat

تامپۆن

tamponi

خاولیا پاقژکرنێ

terveysside

توالەتا کیمییەوی

kemiallinen wc

lastenhuone

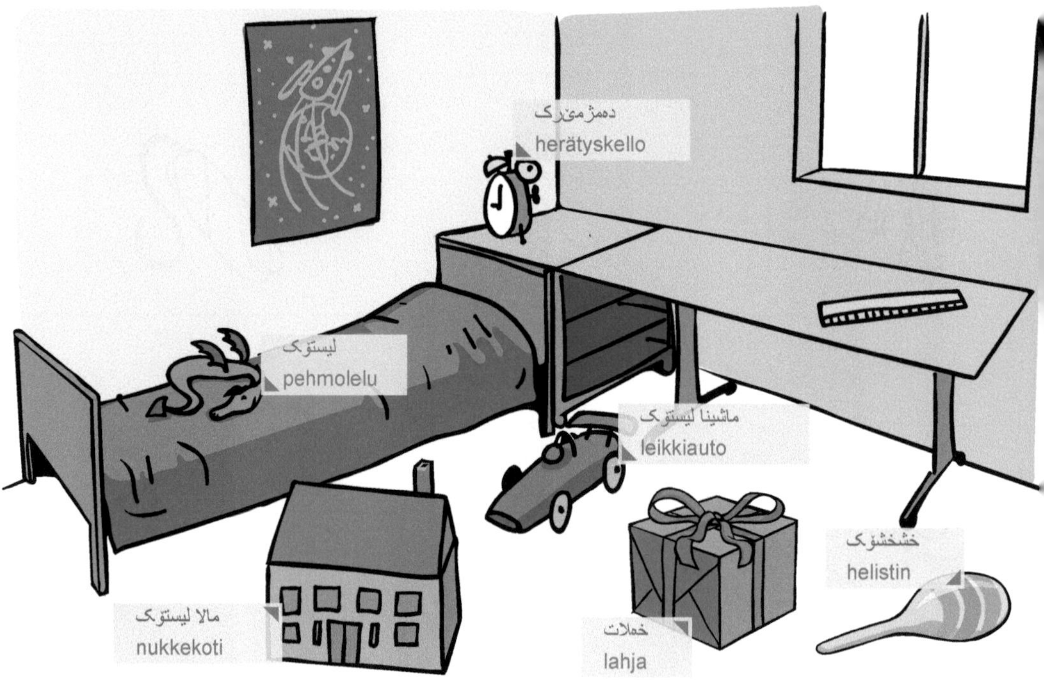

دەمژمێرک
herätyskello
لیستۆک
pehmolelu
ماشینا لیستۆک
leikkiauto
خشخشۆک
helistin
مالا لیستۆک
nukkekoti
خەلات
lahja

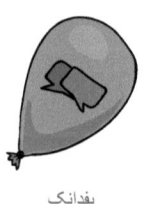

پفدانک

ilmapallo

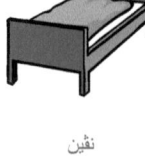

نڤین

sänky

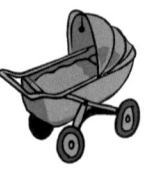

کۆچک

lastenvaunut

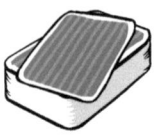

لیستکا کارتێ

korttipeli

فریزبی

palapeli

SUPER
MEGA

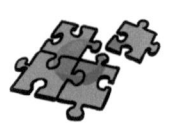

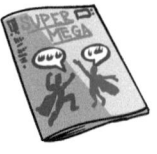

کۆمیک

sarjakuva

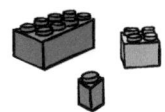

ناجوورا لێگۆ

legopalikat

ناجوورا لیستۆک

rakennuspalikat

بووکە شووشە

supersankari

کنجا بەبکان

potkupuku

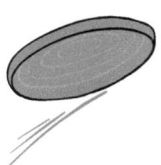

فرزبیئ

frisbee

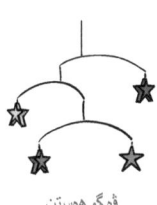

ڤەگو هەستن

mobile

لیستکێن تەختە

lautapeli

مۆر

noppa

مۆدیلا ترێنێ

pienoisjunarata

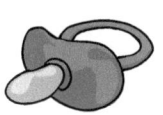

مەمک

tutti

جەژن

juhlat

کتێبا وێنە

kuvakirja

تۆپ

pallo

بووکە شووشە

nukke

لەبیستن

leikkiä

كونا خیزئ

hiekkalaatikko

جۆلانه

keinu

لیستوكان

lelut

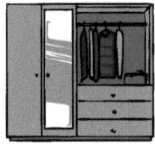

لیستكا ڤیدەۆزیی

pelikonsoli

سێچەرخە

kolmipyörä

هرچا لیستوك

nalle

جلدانک

vaatekaappi

vaatteet

گۆرە

sukat

گۆرە

nylonsukat

دەرپێگۆرئ

sukkahousut

شال
kaulaliina

چەتر
sateenvarjo

قايش
vyö

كراس
t-paita

شمكال
saappaat

سۆلكئ ناف مالئ
sisätossut

سۆلك
lenkkarit

سۆلك
sandaalit

سۆل
kengät

پۆتينا چەرمئ
kumisaappaat

پانتۆلئ ژئر
alushousut

پئ سيربەند
rintaliivit

چمكبەند
aluspaita

جەمەندەک

body

پانتۆڵ

housut

ژ مانس

farkut

دامان

hame

کراس

pusero

کراس

paita

فانێڵە

villapaita

فانێڵە

collegepaita

جاکێت

jakku

ساکۆ

takki

چاکەت

takki

بارانی

sadetakki

لەباس

puku

فیستان

mekko

جلئ داوەتئ

hääpuku

چاکێت

puku

پێنجامە

yöpaita

پێنجامە

pyjama

ساری

shari

لەچک

päähuivi

مێزەر

turbaani

هۆرام

burka

كافتان

kaftaani

عبا

abaya

كنجا ئاژنێكرن

uimapuku

جلكا مەلەڤانی

uimahousut

شۆرت

shortsit

جلا هەڤرژکاری

verkkarit

پێشمال

esiliina

لەپک

käsineet

دووگمە
....
nappi

بەرچاڤک
....
silmälasit

بازن
....
rannekoru

گەردەنی
....
kaulakoru

گوستیل
....
sormus

گوهارک
....
korvakoru

دەفک
....
lippalakki

هەلاڤستمک
....
ripustin

کووم
....
hattu

کراوات
....
solmio

زیپ
....
vetoketju

سەرپارێز
....
kypärä

دەرزی
....
henkselit

کنجا دیبستانێ
....
koulupuku

یوونیڤۆرم
....
univormu

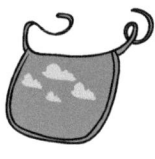

بەردلک

ruokalappu

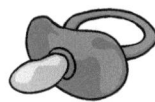

مەمک

tutti

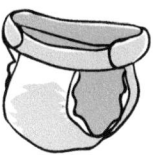

پونداخ

vaippa

ئۆفیس

toimisto

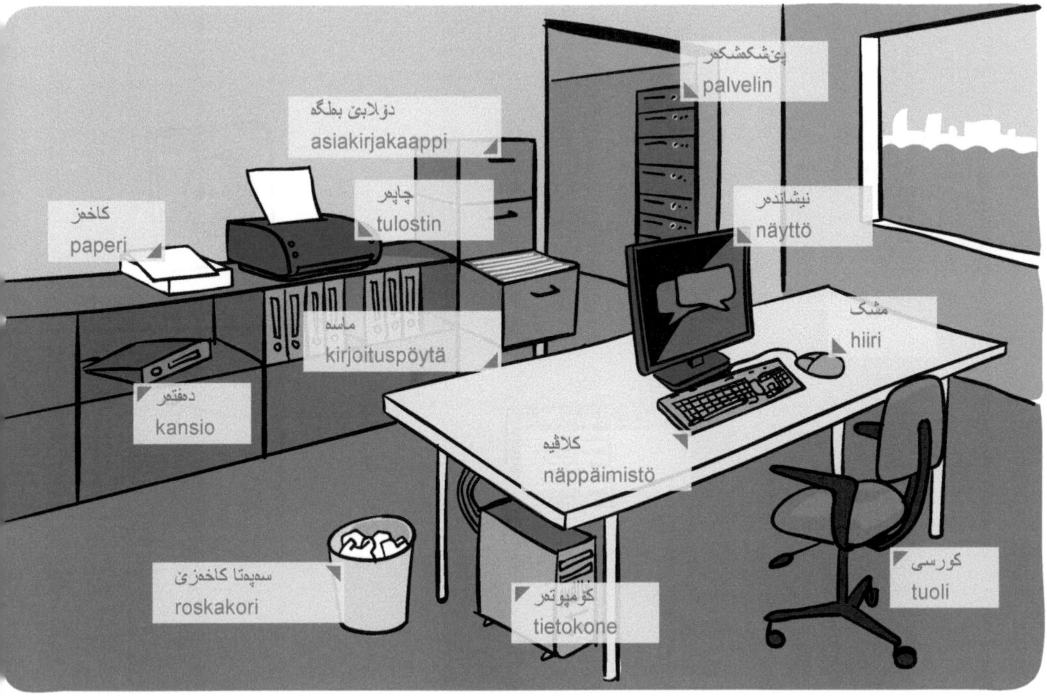

پێشکەشکەر
palvelin
دۆلابێ بەلگە
asiakirjakaappi
کاخەز
paperi
چاپەر
tulostin
نیشاندەر
näyttö
مشک
hiiri
ماسە
kirjoituspöytä
دەفتەر
kansio
کلاڤیە
näppäimistö
سەپەتا کاخەزێ
roskakori
کۆمپوتەر
tietokone
کورسی
tuoli

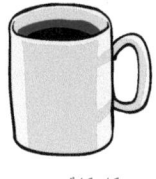

کاسکا قەهوە

kahvimuki

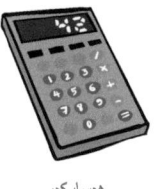

هەسابکەر

taskulaskin

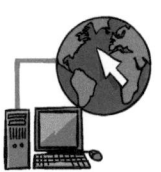

ئینتەرنەت

internet

کۆمپیوتەرا لایتۆپ
....
kannettava tietokone

نامه
....
kirje

پەیام
....
viesti

تەلەفۆنا مۆبیل
....
kännykkä

تۆر
....
verkko

مەکینا فۆتۆکۆپی
....
kopiokone

سۆفتوارە
....
ohjelmisto

تەلەفۆن
....
puhelin

سۆجکەتا فیشمەک
....
pistorasia

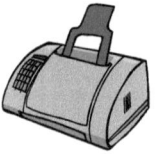

مەکینا فاخئ
....
faksi

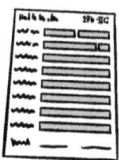

فۆرم
....
lomake

بەلگە
....
asiakirja

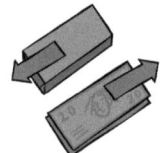

كرين

ostaa

پهره دان

maksaa

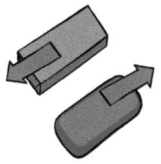

بازرگانی

vaihtaa

پهره

raha

دۆلار

dollari

يۆرۆ

euro

يهنئ ژاپۆنئ

jeni

رۆبلئ رووسی

rupla

فرانكئ سويسئ

frangi

يوانئ چینئ

renminbi juan

رووپئ هندی

rupia

ممكینا ژخومبرا دراف

pankkiautomaatti

نۆفىسا پەرە قەگوھارتنى

rahanvaihto

زىئر

kulta

زىڧ

hopea

نەفت

öljy

وزە

energia

بها

hinta

پەيمان

sopimus

تاخ

vero

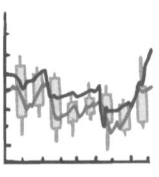

سەھام

osake

كاركرن

työskennellä

كاركەر

työntekijä

كاردا

työnantaja

فابرىكا

tehdas

دكان

liike

پۆلیس
poliisi
ناگرکوژ
palomies
ناشباز
kokki
بژیشک
lääkäri
فرۆکەڤان
lentäjä

باخچەڤان
puutarhuri

نەجار
puuseppä

دروونڤان
ompelija

هاکم
tuomari

شیمیازان
kemisti

شانۆگەر
näyttelijä

شوفێرێ باسێ

linja-autonkuljettaja

شوفێرمكی تاكسیێ

taksinkuljettaja

ماسیڤان

kalastaja

پاگژكمر

siivooja

چێكرێ بانی

katontekijä

بمركار

tarjoilija

نێچرڤان

metsästäjä

رمنگرێس

maalari

نانپێژ

leipuri

كارمباڤان

sähköasentaja

ناڤاكمر

rakentaja

ئمندمزیار

insinööri

قسساب

teurastaja

لوولمكار

putkiasentaja

پۆستڤان

postinjakaja

نەسكەر

sotilas

مێمار

arkkitehti

دراۆگر

kassanhoitaja

فرۆتكارا چیچمكان

floristi

پۆرچكەر

kampaaja

ناژۆڤان

konduktööri

مەكانیك

mekaanikko

كەشتیڤان

kapteeni

پزیشكا ددانان

hammaslääkäri

زانستیار

tiedemies

روۆهان

rabbi

ئیمام

imaami

كەشە

munkki

كەشیش

pappi

ئامووران

työkalut

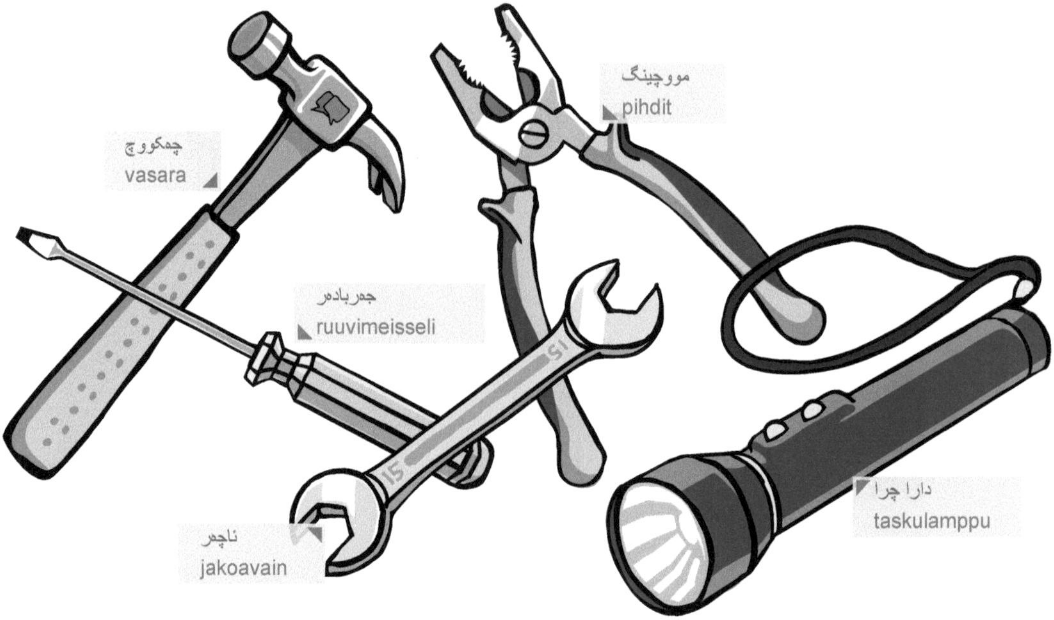

چەکووچ
vasara
جەربادەر
ruuvimeisseli
مووچینگ
pihdit
ئاچەر
jakoavain
دارا چرا
taskulamppu

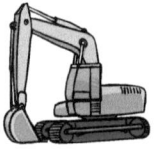

شۆفەل

kaivinkone

قووتیا ئامووران

työkalupakki

پەیژە

tikkaat

مشار

saha

میخ

naulat

قولکرن

pora

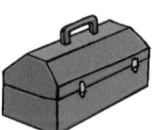

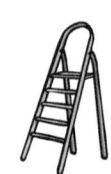

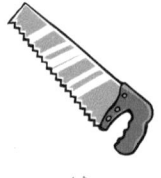

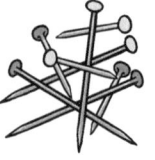

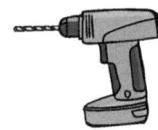

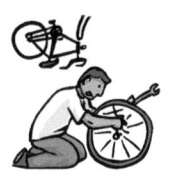

چێکرن

korjata

مەربێر

lapio

نالەت!

Hitto!

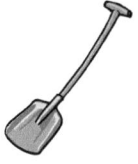

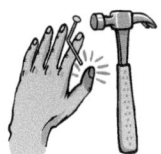

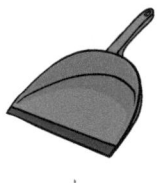

بێل

rikkalapio

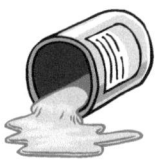

قووتیا رەنگێ

maalipurkki

جەر

ruuvit

ئامووریێن مووزیکێ

soittimet

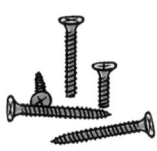

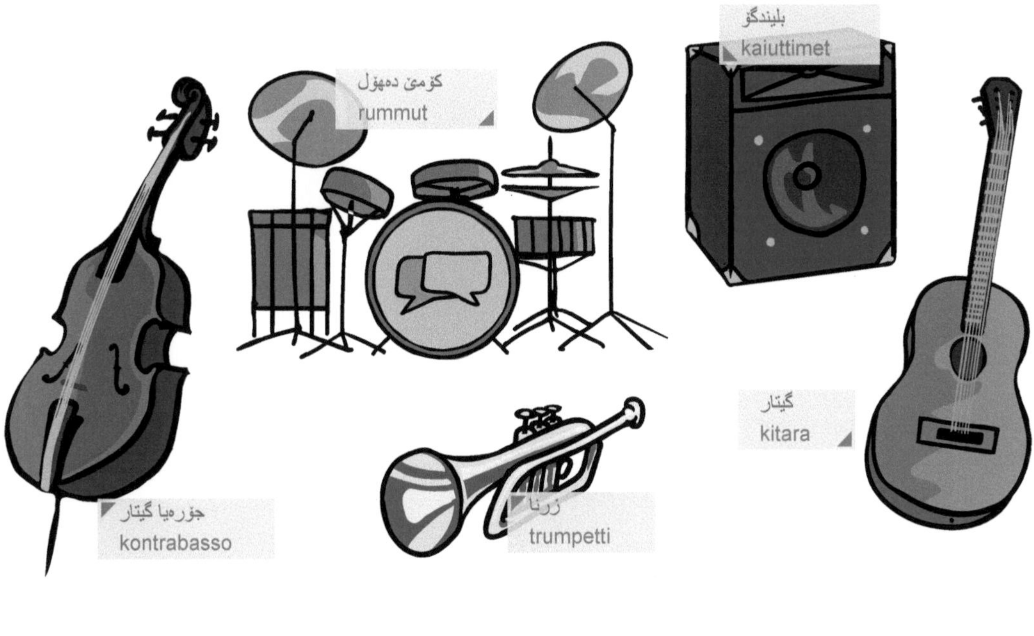
بلیندگو
kaiuttimet
کۆمێ دەهۆل
rummut
گیتار
kitara
جۆرەیا گیتار
kontrabasso
زرنا
trumpetti

پیانو

piano

ۋىيولىن

viulu

باس

basso

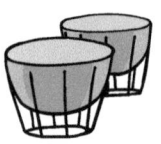

دەمھۆل

patarummut

داھۆل

rumpu

كەييبۆارد

kosketinsoitin

ساكسۆفۇن

saksofoni

بلوور

huilu

مىكرۇفۇن

mikrofoni

باخچا هەیوانان

eläintarha

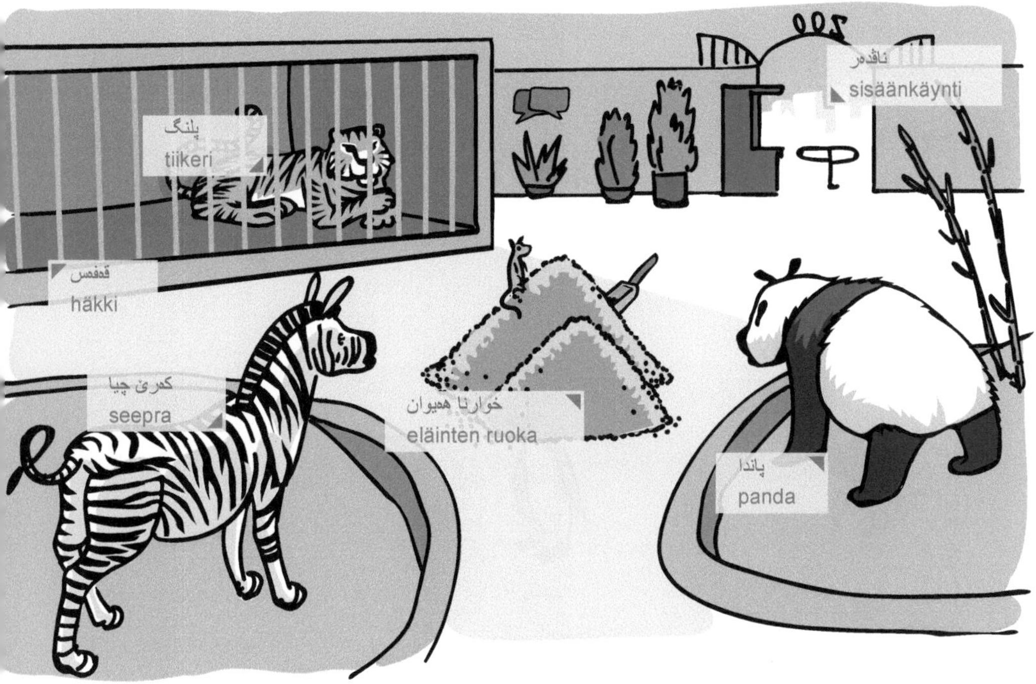

پلنگ
tiikeri
قەفەس
häkki
کەرێ چیا
seepra
خوارنا هەیوان
eläinten ruoka
پاندا
panda
ناڤدەر
sisäänkäynti

هەیوان

eläimet

فیل

norsu

کانگاروو

kenguru

کەرکەدەن

sarvikuono

گۆریل

gorilla

هرچ

karhu

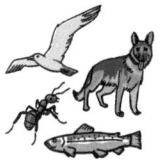

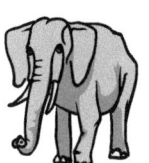

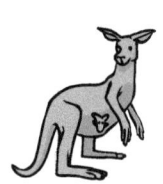

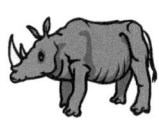

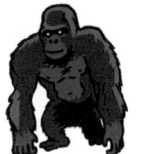

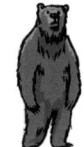

هۆشتر

kameli

هۆشترمه

strutsi

شێر

leijona

مەیموون

apina

فلامینگۆ

flamingo

پاپاخان

papukaija

هرچا جەمسەری

jääkarhu

پەنگوین

pingviini

سەماسی

hai

تاووس

riikinkukko

مار

käärme

تمساح

krokotiili

پاریزەرا باخجا ئاژەلان

eläintarhanhoitaja

سەگا دەریا

hylje

پلنگ

jaguaari

همسىپ

poni

پلنگ

leopardi

همسپئ رووبار

virtahepo

جانهئشتر

kirahvi

هملۇ

kotka

بەرازئ كۆڤى

villisika

ماسى

kala

كووسى

kilpikonna

والراس

mursu

رۆڤى

kettu

خەزال

gaselli

فووتبۆلئ نامېریكا
amerikkalainen jalkapallo

بسكلئ‌تان
pyöräily

تەننیس
tennis

باسكئ‌تبۆل
koripallo

ناۋُ مِنِيكرن
uinti

يۆخنگ
nyrkkeily

هۆ كمیا سەر جەمەدئ
jääkiekko

فووتبۆل
jalkapallo

باد مِنتۆن
sulkapallo

يئ ناتلەتيز مەن
yleisurheilu

هەمندبۆل
käsipallo

بەفرا ژ ۋتەن
hiihto

پۆلۆ
poolo

چالاکیان

aktiviteetit

کەنین
nauraa
هەڵپەکە
hypätä
هەمبێز
halata
بریەڤەچوون
kävellä
لاوژە گوتن
laulaa
خەون دیتن
unelmoida
نمێژ کرن
rukoilla
ماچکرن
suudella

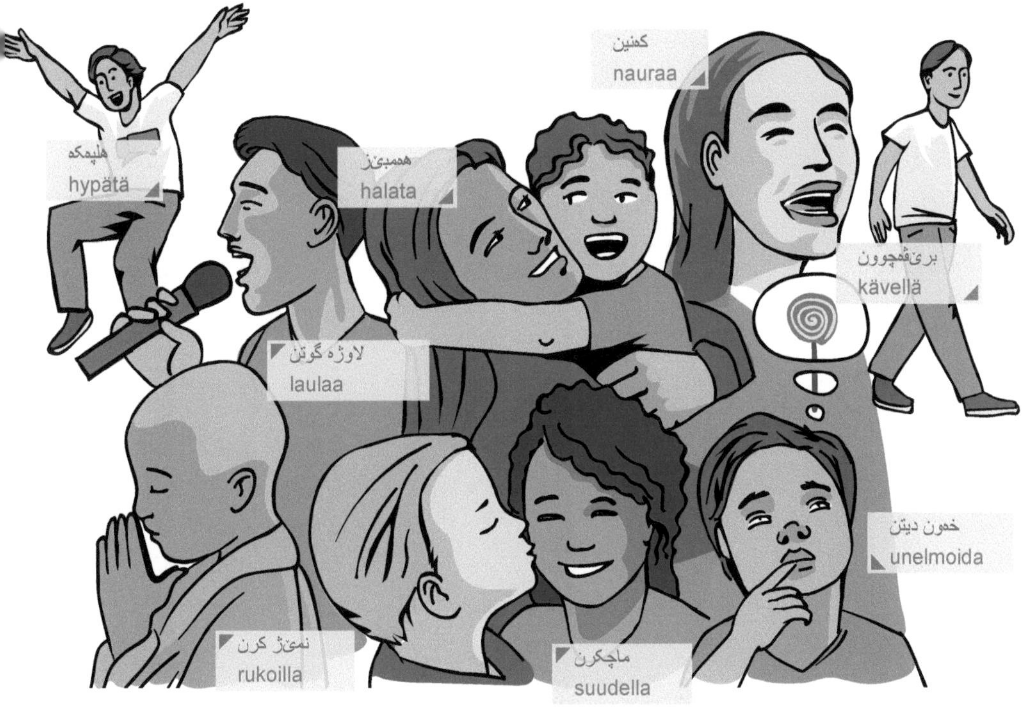

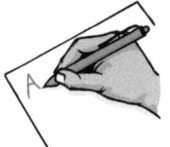

نڤیساندن

kirjoittaa

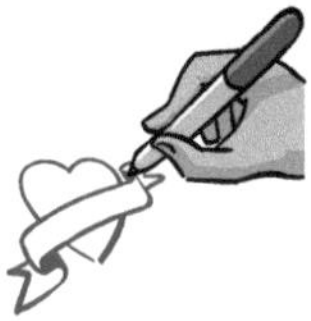

نیگار کێشان

piirtää

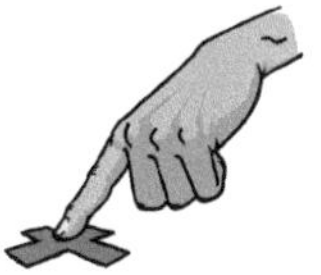

نیشان دان

näyttää

پالدان

painaa

داین

antaa

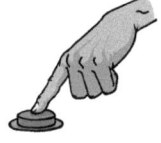

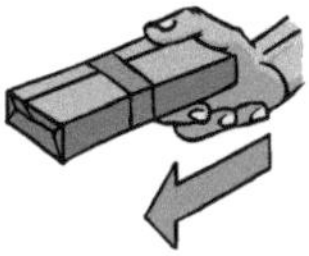

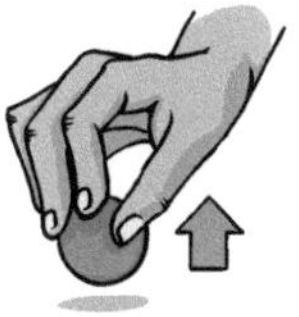

راکرن

ottaa

همبین

omistaa

کرن

tehdä

بوون

olla

سمکنین

seisoa

بازدان

juosta

کشاندن

vetää

ناڤێتن

heittää

کمتن

kaatua

دەمرو کرن

maata

سمکنین

odottaa

گوهێزتن

kantaa

روونشتن

istua

جل بەرکرن

pukeutua

رازان

nukkua

رابوون

herätä

مۆژه كرن

katsoa

گرين

itkeä

جملته

silittää

شه كرن

kammata

پەیڤین

puhua

فامكرن

ymmärtää

پرسكرن

kysyä

بهيستن

kuunnella

قەهخوارن

juoda

خوارن

syödä

كۆم كرن

siivota

هەزكرن

rakastaa

خوارن چێكرن

keittää

ئاژۆتن

ajaa

فرين

lentää

كمشتیڤانی

purjehtia

همسباندن

laskea

خواندن

lukea

هينبوون

oppia

كاركرن

työskennellä

زهوجين

mennä naimisiin

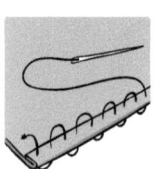

درووتن

ommella

ددان ښووتن

pestä hampaat

كوشتن

tappaa

دووخان

tupakoida

شاندن

lähettää

مالبات

perhe

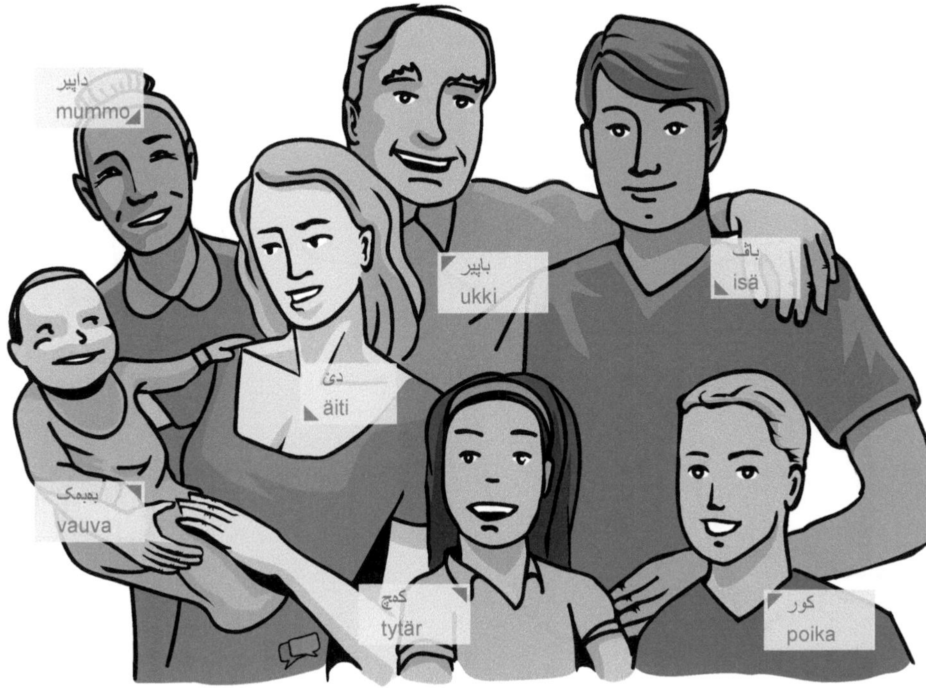
داپیر
mummo
باپیر
ukki
باڤ
isä
دێ
äiti
بەبمک
vauva
کچ
tytär
کور
poika

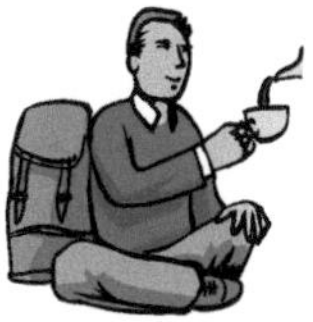

مێڤان

vieras

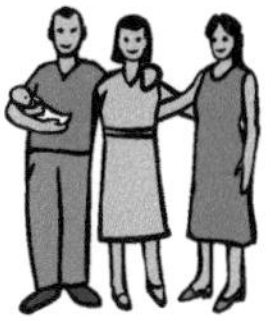

مەت

täti

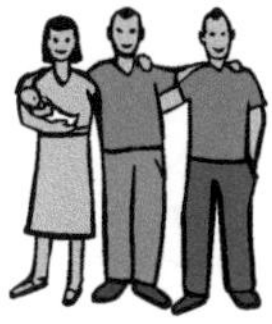

ئاپ/خال

setä

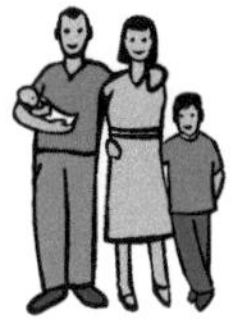

برا

veli

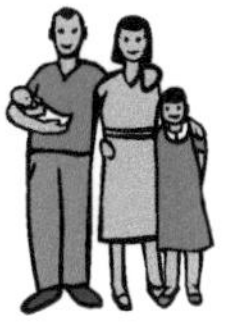

خوشل

sisko

بەدەن

vartalo

ئەنی
otsa
چاڤ
silmä
روو
kasvot
زەنی
leuka
سینگ
rinta
تلی
sormet
دەست
käsi
پیل
käsivarsi
مل
olkapää
لنگ
jalka

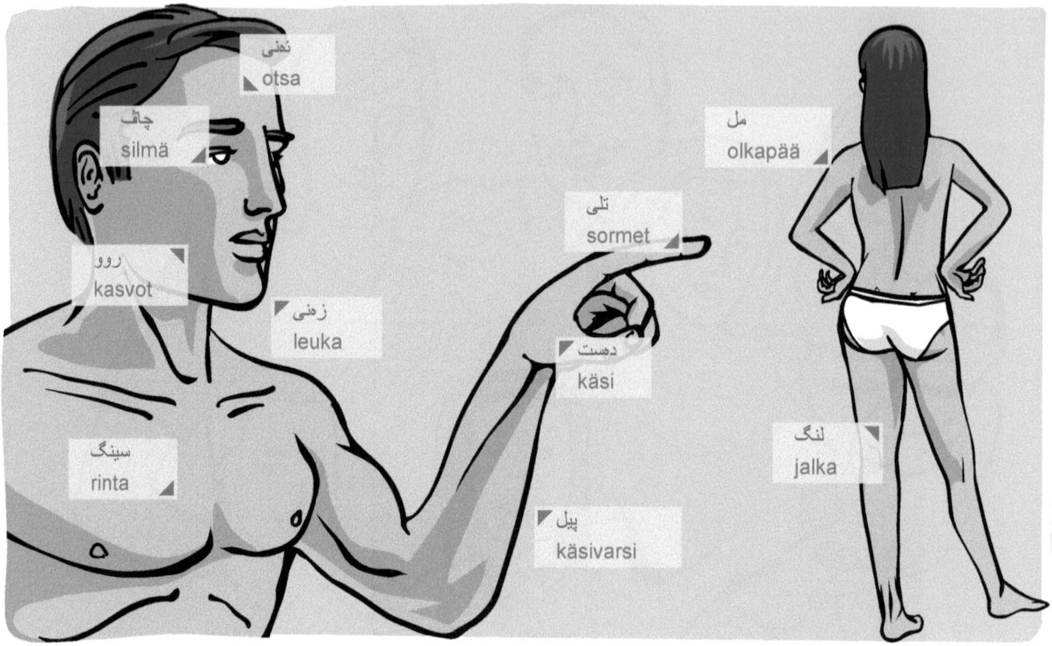

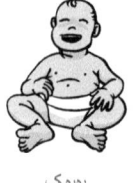

بەبەک

vauva

مێر

mies

ژن

nainen

کچ

tyttö

کوڕ

poika

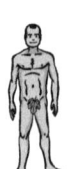

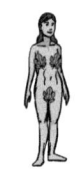

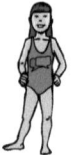

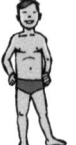

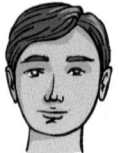

سەر

pää

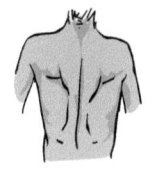

پشت

selkä

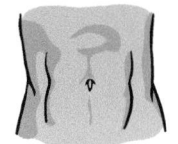

زک

maha

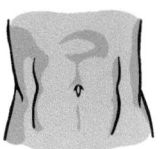

ناف

napa

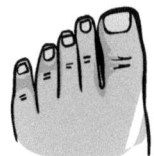

تلییا پی

varvas

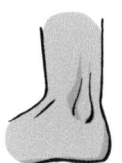

پانی

kantapää

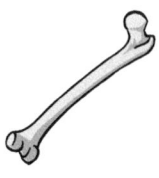

هسته‌ی

luu

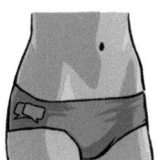

کوولیممک

lantio

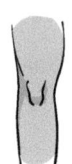

ژوونی

polvi

نمنیشک

kyynärpää

دفن

nenä

قوون

takapuoli

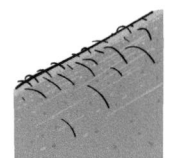

چرم

iho

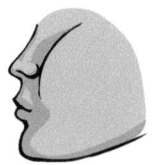

روو

poski

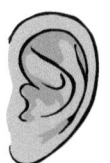

گووه

korva

لئڤ

huuli

دەف
....
suu

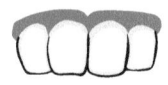

دران
....
hammas

زمان
....
kieli

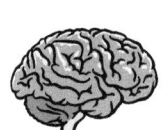

مێژی
....
aivot

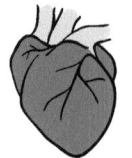

دل
....
sydän

ماسوول
....
lihas

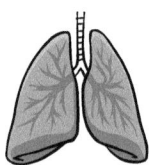

جیگەرا سپی
....
keuhkot

جەگەر
....
maksa

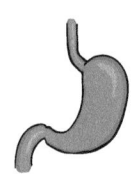

ماده
....
vatsa

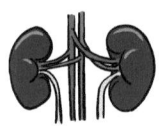

گوورچکان
....
munuaiset

جۆتبوون
....
seksi

کۆندۆم
....
kondomi

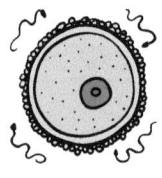

هێنگ
....
munasolu

تۆڤ
....
sperma

دووجانی
....
raskaus

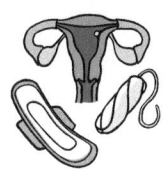

ناده
....
kuukautiset

قووز
....
vagina

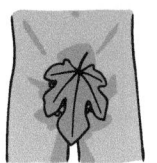

كير
....
penis

برِوو
....
kulmakarvat

پۆر
....
hiukset

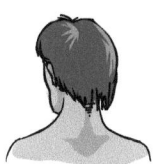

هووستوو
....
niska

نەخۆشخانە

sairaala

نەخۆشخانە
sairaala
ئەرەبا نەخۆشان
ambulanssi
ئەرەبۆکا کوولەکان
pyörätuoli
شکەستە
murtuma

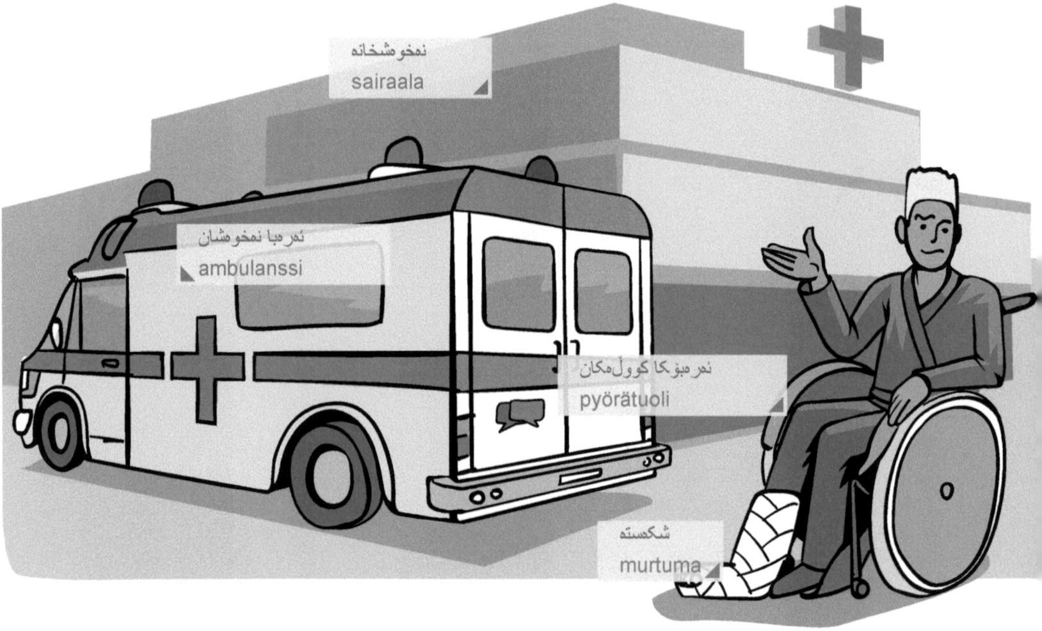

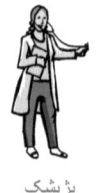

بژیشک

lääkäri

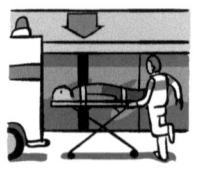

ئۆدا لەزگینێ

ensiapu

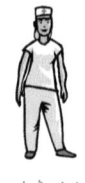

نەخۆشیار

sairaanhoitaja

ئاجیلییەت

hätätilanne

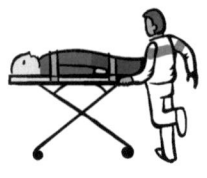

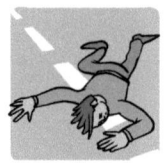

بێهای

tajuton

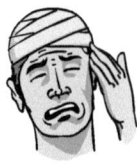

ئێش

kipu

برين
....
vamma

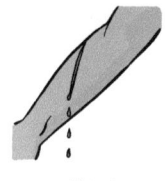

خوێنبڕان
....
verenvuoto

هۆرشا دلی
....
sydänkohtaus

جەڵتە
....
aivoinfarkti

ئالەرژی
....
allergia

کوخک
....
yskä

تا
....
kuume

زکام
....
flunssa

ناۆچووین
....
ripuli

سەرێش
....
päänsärky

قانسێر
....
syöpä

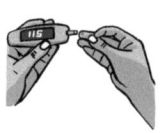

نەخۆشیا شەکرێ
....
diabetes

نەمەلیکار
....
kirurgi

سکالپێل
....
veitsi

نەمەلی
....
leikkaus

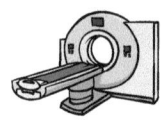

جت
ct

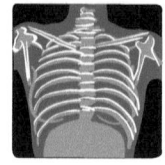

سوورەتى رۆنتگەن
röntgen

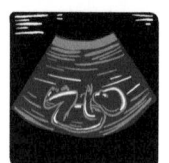

ئوولتراساوند
ultraääni

ماسكى رووى
maski

نەخوەشى
sairaus

ئوتودا سمكنينى
odotushuone

گۆجان
sauva

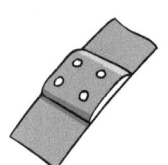

شوێل
laastari

پاچى برینى جانى
side

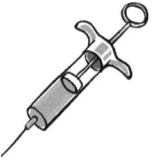

دەرزى
pistos

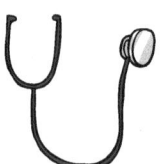

بیستوکا پزیشکی
stetoskooppi

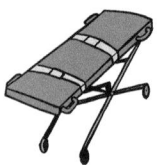

داربەست
paarit

تەنهنبيفا كلينيكى
kuumemittari

زابين
syntymä

قەلەو
ylipaino

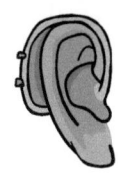

ناليكاريا بهيستنئ

kuulolaite

باكتريكوژ

desinfiointiaine

كۆتيبوون

infektio

ڤيرووس

virus

هڤ / نادس

HIV / AIDS

دەرمان

lääke

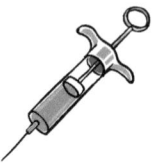

كوتان

rokotus

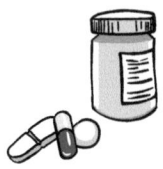

هەبان

tabletit

هەب

pilleri

لەزگين

hätäpuhelu

ديمەندەرئ پسترۆ خوين

verenpainemittari

نەخوش / ساخ

sairas / terve

hätätilanne

هەوار!	نالارم	شىرىئ
Apua!	hälytys	ryöstö

ئىرىشكرن	تالووك	لجان ئانتكەمرەد
hyökkäys	vaara	hätäuloskäynti

ئاگر!	ئاگر قدمراندنئ	قەزا
Tulipalo!	palosammutin	onnettomuus

ئالمتئن ئاليكاريا يمكمم	سۆس	سپۆلى
ensiapulaukku	SOS	poliisilaitos

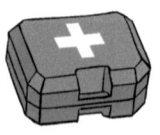  

ئەوروپا

Eurooppa

نامەریكايا باكوور

Pohjois-Amerikka

نامەریكايا باشوور

Etelä-Amerikka

ئافریكا

Afrikka

ئاسیا

Aasia

ناووسترالیا

Australia

ئاتلانتیك

Atlantin valtameri

ئۆكیانووسا مەزن

Tyynimeri

ئۆكیانووسا هندی

Intian valtameri

ئۆكیانووسا ئانتاركتیكا

Eteläinen jäämeri

ئۆكیانووسا ناركتیك

Pohjoinen jäämeri

جەمسەرا باكوور

pohjoisnapa

جەممسەرا باشوور

....

etelänapa

نانتارکتیکا

....

Antarktis

ئەرد

....

maa

ناخ

....

maa

بەھر

....

meri

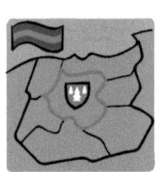

دوورگە

....

saari

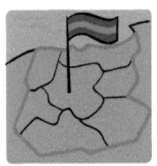

مأللەت

....

kansa

وەلاٮت

....

osavaltio

ساعتی ڕووی

kellotaulu

ڕێژمەی دەرکاردن

tuntiviisari

دەقە دەرکاردن

minuuttiviisari

سانیه دەرکاردن

sekuntiviisari

سەیت چەندە؟

Paljonko kello on?

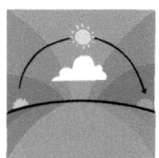

ڕۆژ

päivä

مدم

aika

ئێستا

nyt

ساعتی دیجیتاڵ

digitaalikello

دەقە

minuutti

سەیت

tunti

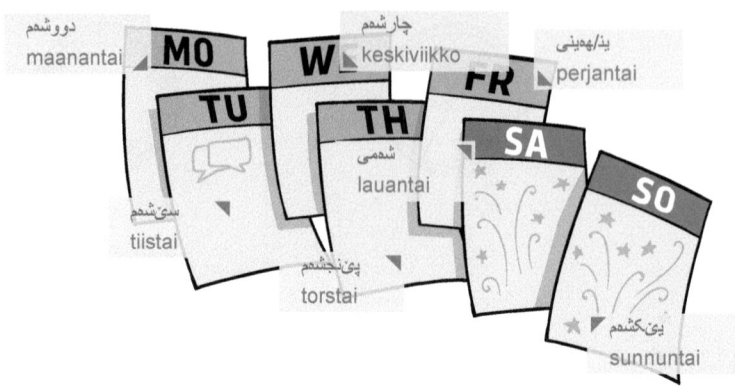

دووشەممە
maanantai — MO

چوارشەممە
keskiviikko — W

یێ/هەینی
perjantai — FR

TU

TH
شەممی
lauantai — SA

سێشەممە
tiistai

پێنجشەممە
torstai

یەکشەممە
sunnuntai — SO

دوێنێ
eilen

ئیرۆ
tänään

سبەی
huomenna

سبەی
aamu

نیوەڕۆ
keskipäivä

ئێوارە
ilta

MO	TU	WE	TH	FR	SA	SU
1	2	3	4	5	6	7
8	9	10	11	12	13	14
15	16	17	18	19	20	21
22	23	24	25	26	27	28
29	30	31	1	2	3	4

رۆژێن کاری
työpäivät

MO	TU	WE	TH	FR	SA	SU
1	2	3	4	5	6	7
8	9	10	11	12	13	14
15	16	17	18	19	20	21
22	23	24	25	26	27	28
29	30	31	1	2	3	4

داوایا هەفتە
viikonloppu

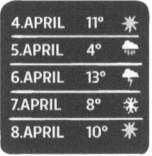

سال
vuosi

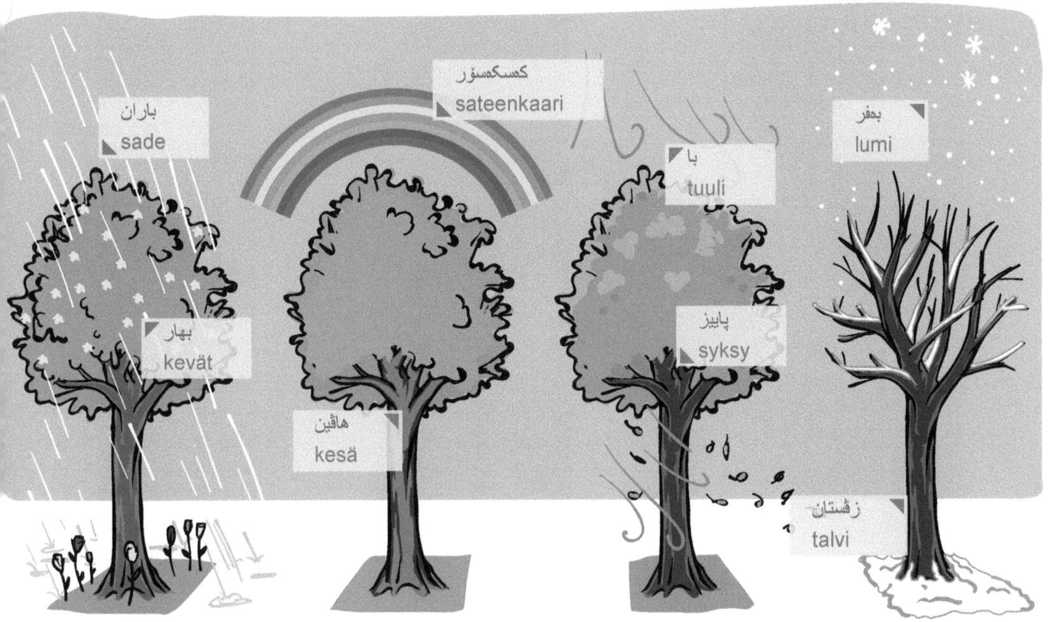

باران
sade
کەسکەسۆر
sateenkaari
با
tuuli
بەفر
lumi
بهار
kevät
هاڤین
kesä
پاییز
syksy
زڤستان
talvi

4.APRIL 11°
5.APRIL 4°
6.APRIL 13°
7.APRIL 8°
8.APRIL 10°

پێشبینیا هەوا
....
sääennuste

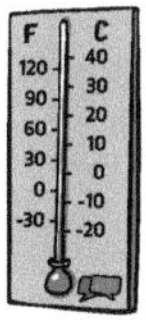

F
C
120
90
60
30
0
-30
40
30
20
10
0
-10
-20

تەهنییڤ
....
lämpömittari

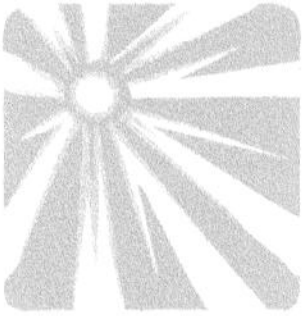

تاڤ
....
auringonpaiste

هەور
....
pilvi

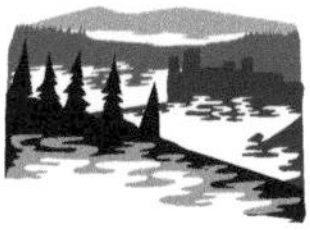

مژ
....
sumu

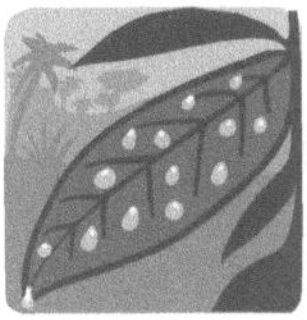

هێمی
....
ilmankosteus

برق
....
salama

برووسک
....
ukkonen

تۆفان
....
myrsky

تەرگ
....
rae

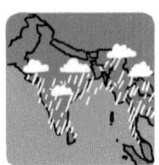

مانسوون
....
monsuuni

لەهى
....
tulva

جەمەد
....
jää

رێيبەندان
....
tammikuu

رەشممە
....
helmikuu

نەورۆز
....
maaliskuu

گولان
....
huhtikuu

جۆزەردان
....
toukokuu

پووشپەر
....
kesäkuu

گەلاوێژ
....
heinäkuu

خەرمانان
....
elokuu

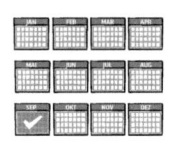

رەزبەر

....

syyskuu

کۆچەر

....

lokakuu

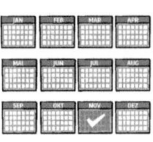

سەرماوەز

....

marraskuu

بەفرانبار

....

joulukuu

شێوه

muodot

چەمبەر

....

ympyrä

چارچک

....

neliö

چارقۆزی

....

suorakulmio

سێقۆزی

....

kolmio

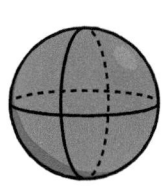

قادا

....

pallo

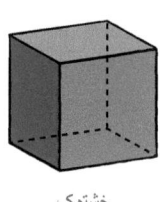

خشتەک

....

kuutio

سپی
....
valkoinen

زەرد
....
keltainen

پرتەقالی
....
oranssi

پەمبە
....
vaaleanpunainen

سۆر
....
punainen

مۆر
....
violetti

شین
....
sininen

كەسك
....
vihreä

قەهوەیی
....
ruskea

گەور
....
harmaa

رەش
....
musta

زۆر / کێم

paljon / vähän

ب هێرس / بۆدەنگ

vihainen / ystävällinen

بەدەو / نەرند

kaunis / ruma

دەستپێک / داوی

alku / loppu

مەزن / بچووک

suuri / pieni

رۆنی / تاری

vaalea / tumma

براک / خوشک

veli / sisko

پاگژ / گرێژ

puhdas / likainen

تەقی / نەتمام

täydellinen / epätäydellinen

رۆژ / شەڤ

päivä / yö

مری / زندی

kuollut / elävä

فرە / تەنگ

leveä / kapea

خوشمزه / بدمزه

syötävä / syömäkelvoton

بدجنس / مهربان

paha / kiltti

با هیجان / بی حوصله

innostunut / tylsistynyt

چاق / لاغر

lihava / laiha

اولین / آخرین

ensimmäinen / viimeinen

دوست / دشمن

ystävä / vihollinen

پر / خالی

täysi / tyhjä

سخت / نرم

kova / pehmeä

سنگین / سبک

painava / kevyt

گرسنه / تشنه

nälkä / jano

مریض / سالم

sairas / terve

غیر قانونی / قانونی

laiton / laillinen

باهوش / احمق

älykäs / tyhmä

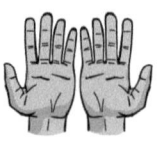

چپ / راست

vasen / oikea

نزدیک / دور

lähellä / kaukana

نوو / بکارهاتی
uusi / käytetty

هیچ / تشتمک
ei mitään / jotain

کال / جوان
vanha / nuori

ل / ژ
päällä / pois päältä

ڤمکری / گرتی
auki / kiinni

نارام / دەنگللند
hiljainen / äänekäs

دەولەممەند / رەبمن
rikas / köyhä

راست / شاش
oikein / väärin

در / هلوو
karhea / sileä

خەمگین / شا
surullinen / iloinen

کورت / درێژ
lyhyt / pitkä

هێدی / زوو
hidas / nopea

شل / زوا
märkä / kuiva

گەرم / هێنک
lämmin / viileä

شەر / ئاشتی
sota / rauha

0

سفر

nolla

1

یەک

yksi

2

دوو

kaksi

3

سیئ

kolme

4

چار

neljä

5

پێنج

viisi

6

شەش

kuusi

7

هەوت

seitsemän

8

هەشت

kahdeksan

9

نۆ

yhdeksän

10

دە

kymmenen

11

یازده

yksitoista

12

دازده

kaksitoista

13

سوزده

kolmetoista

14

چارده

neljätoista

15

پازده

viisitoista

16

شازده

kuusitoista

17

همفده

seitsemäntoista

18

همژده

kahdeksantoista

19

نۆزدەه

yhdeksäntoista

20

بیست

kaksikymmentä

100

سەد

sata

1.000

همزار

tuhat

1.000.000

ملیۆن

miljoona

نینگلیزی

englanti

ننگلیزیا ئامەریکی

amerikanenglanti

چینی ماندارین

mandariinikiina

هیندی

hindi

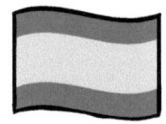

ئیسپانیۆلی

espanja

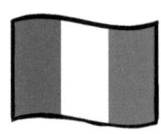

فرەنسی

ranska

ئەرەبی

arabia

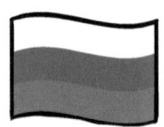

رووسی

venäjä

پۆرتوگالی

portugali

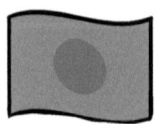

بەنگالی

bengali

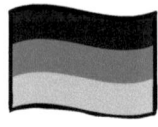

ئەلمانی

saksa

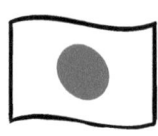

ژاپۆنی

japani

من

minä

تو

sinä

ئەو / ئەڤ / ئەو

hän

ئێمە

me

تو

te

ئەو

he

کی؟

kuka?

چ؟

mitä / mikä?

چاوا؟

miten?

کێدەرێ؟

missä?

کەنگی؟

milloin?

ناڤ

nimi

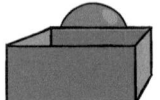

پشتی

takana

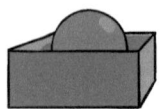

سیسالی

sisällä

پێشی

edessä

سەر

yläpuolella

سەر

päällä

بن

alapuolella

کێلمک

vieressä

نێوان

välissä

جه

paikka